1896. Novembre. 12

VENTE

Des 12 et 13 Novembre 1896

HOTEL DROUOT, SALLE Nᵒ 6

COLLECTION H***

OEuvres

de

F. ROPS

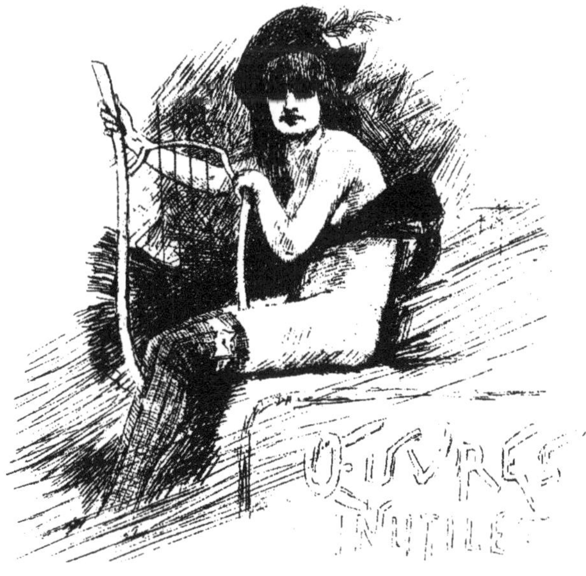

Paris · 1896

IMPRIMERIE MAULDE et RENOU

MAULDE, DOUMENC & Cie

IMPRIMEURS DE LA COMPAGNIE DES COMMISSAIRES-PRISEURS

Rue de Rivoli, 144

CATALOGUE

DES

ŒUVRES

DE

FÉLICIEN ROPS

DESSINS

AQUARELLES, EAUX-FORTES

LITHOGRAPHIES

Gravures avec Dessins et Autographes en marge

COMPOSANT

La Collection de M. H***

ET DONT LA VENTE AURA LIEU A PARIS

HOTEL DES COMMISSAIRES-PRISEURS, RUE DROUOT, 9

Salle n° 6

Les Jeudi 12 et Vendredi 13 Novembre 1896

A DEUX HEURES PRÉCISES

Mᵉ Maurice **DELESTRE**, Commissaire-Priseur

Rue Saint-Georges, 5

ASSISTÉ DE

M. Georges **SORTAIS**	M. Ernest **JULLIEN**
PEINTRE-EXPERT	EXPERT
Rue Mogador, 4	Rue Pasquier, 12

CHEZ LESQUELS SE DISTRIBUE LE CATALOGUE

EXPOSITIONS

PARTICULIÈRE	PUBLIQUE
Le Mardi 10 Novembre 1896	Le Mercredi 11 Novembre 1896

DE DEUX HEURES A SIX HEURES

CONDITIONS DE LA VENTE

Cette vente se fera au comptant.

Les Acquéreurs paieront CINQ POUR CENT en sus des enchères. applicables aux frais.

La plupart des Gravures sont montées, tendues avec biseau pour éviter le frottement; aucune n'est collée en plein.

On peut, avant l'Exposition, voir les Gravures et Lithographies chez M. E. JULLIEN, rue Pasquier, 12, tous les jours de une heure à quatre heures.

ORDRE DES VACATIONS

Le Jeudi 12 Novembre 1896, du n° 1 au n° 65.

L'ORDRE DU CATALOGUE NE SERA PAS SUIVI

Le Vendredi 13 Novembre 1896, du n° 66 à la fin.

L'ORDRE DU CATALOGUE SERA SUIVI

MAULDE, DOUMENC et Cie, imprimeurs de la Cie des Commissaires-Priseurs
rue de Rivoli, 144.   500—61850

PRÉFACE

Un double écueil menace le collectionneur lorsqu'il s'attaque à un artiste dont l'œuvre est aussi considérable que celui de Félicien Rops. Ou bien ses cartons resteront toujours incomplets pour quelques morceaux d'une rareté exceptionnelle dont la fortune contraire lui aura refusé la rencontre, ou bien, ce qui est pire, pour combler la fâcheuse lacune, il se résignera à intercaler dans ses rangs les imperfections de l'épreuve médiocre. L'amateur dont les estampes et dessins vont être livrés aux enchères a éludé très sagement cette douloureuse alternative. Un groupement judicieux et réfléchi des œuvres principales de l'artiste a suffi à la satisfaction de son goût délicat. Il a voulu et il a su choisir, dans tous les ordres d'idées où s'est donné libre cours la puissante fantaisie du maître, les morceaux achevés qui portaient la plus définitive empreinte de son génie. De telle sorte que cette sélection donne au spectateur un tableau achevé des manières successives de Rops, aussi bien que de ses différents procédés et des formes variées de son imagination.

Il ne faut pas chercher ici les *états* où l'artiste note pas à pas les hésitations de sa pointe. Ces fragments incomplets, parfois séduisants pour les gens du métier ou leurs critiques, ont été volontairement délaissés au profit unique de l'épreuve terminée. L'artiste qui, pendant de longs jours, des semaines, des mois, étudie, complète, rature, recommence, polit et cisèle une eau-forte ne doit-il pas être considéré comme le meilleur juge de la perfection de son œuvre, et ne doit-on pas s'imposer de la prendre telle qu'il a voulu lui-même la livrer au public? D'excellents esprits le pensent ainsi, et peut-être ont-ils raison. A une condition toutefois, c'est que cette épreuve, poussée aux extrêmes limites du labeur professionnel, soit d'une qualité parfaite. Dans un de ses passages les plus spirituels et les plus mordants, le savant iconographe Henri Béraldi a chanté les louanges de « la belle épreuve » en des lignes fameuses. Il semble que notre amateur les ait « gravées » en sa mémoire comme l'épigraphe du programme de ses recherches, car il est impossible de souhaiter une réunion d'eaux-fortes plus distinguée que celle-ci. Chaque pièce peut subir bravement l'examen minutieux de l'œil le plus difficile, fût-il armé de bésicles ou fortifié d'une loupe. La netteté du trait, le velouté des ombres, le brillant que le hasard calculé des *barbes* accroche aux bons endroits sont partout associés pour constituer cet objet rare, précieux, chatoyant à l'œil et presque doux au toucher qui s'appelle « la belle épreuve ».

La belle épreuve est toujours rare et d'une conquête difficile. Elle prend plaisir à se dérober. Ses charmes, quoique nus, restent embrumés dans les masses de l'ensemble. Pour les percevoir nettement, il faut le repoussoir de la comparaison. La juxtaposition des eaux-fortes révèle ici des tares, là des qualités que l'isolement de chaque pièce laissait imperceptibles. Et quiconque se décidera d'emblée à prendre la première qui lui sera

offerte courra grand risque de ne pas posséder un mor-
ceau de premier ordre. Du moins sera-t-il toujours temps
pour lui d'échanger sa première acquisition lorsque l'ex-
périence de ses yeux lui aura révélé plus tard la supério-
rité d'une autre épreuve.

Une circonstance qui complique encore cette recherche, c'est que la première éclose n'est pas toujours la plus
belle. Malgré l'intérêt de curiosité qui s'attache à cette fleur
du cuivre, celui-ci ne rend jamais du premier coup tout
ce que l'artiste lui a confié. L'imprimeur, si habile qu'il
soit, tâtonne un certain temps. Les différences d'encrage,
d'essuyage, de pression, le grain des papiers donnent des
effets très divers, parmi lesquels le maître lui-même
hésite parfois à fixer son choix. La formule à laquelle il
s'arrête est toujours la meilleure. Enfin, il donne son
« bon à tirer »! Mais la presse, petite personne fantasque
et moqueuse, va le trahir encore; et parmi les épreuves,
qu'en tirera le typographe, fût-il le savant Delàtre ou le
très ingénieux Nys, et qui toutes seront *bonnes*, quelques-
unes seulement réaliseront la douce, l'étincelante, la
triomphante « belle épreuve ».

Or, c'est celle-là même, celle-là seule que veut posséder le véritable iconophile.

Il l'aura, s'il devient adjudicataire d'une des pièces de
cette collection passée au crible. Et cette occasion rare
de simplifier une entreprise si compliquée valait la peine
d'être signalée.

Toutes les eaux-fortes de Rops, même les moindres,
même les plus lâchées, en apparence, présentent un intérêt parce que toutes traduisent ou bien le jet d'une
improvisation géniale, ou la résultante d'une lente incu-
bation qui synthétise tout à coup, en quelques traits,

la forme d'une race, le caractère d'une espèce, les évolutions d'une idée. Rien, dans cette énorme production, n'est indifférent. Mais, au point de vue spécial de *l'amateur*, la fantaisie de Rops a créé toute une catégorie de pièces particulièrement curieuses et dignes d'exciter les plus passionnées convoitises. Ce sont celles où, en marge, il a inscrit des dessins que sa modestie trop grande intitule : croquis, ou tracé des lignes humoristiques où son esprit livre carrière à une verve inépuisable. On peut dire que Rops a créé ce genre de document artistique, et il s'y est employé avec un soin méticuleux, une variété infatigable témoignant d'une conscience probe qui, même en ses divertissements, redoute le négligé. De ce genre, plusieurs numéros offrent des échantillons exceptionnels.

Citons seulement, en marge d'un croquis au vernis mou, une vieille portière lisant son journal et intitulée : *Gazette de Bruxelles*; l'amusante lettre autographe de Rops sur une épreuve du père Muck, reproduite récemment par la *Plume*; les deux bas-reliefs d'Isis, à la plume, (suggestifs, oh! combien!) accrochés aux côtés du médaillon de *Poisson rare*, avec les légendes héroïques : *Jamais assez* et *Jamais trop;* et encore cette belle épreuve de la *Dernière Maja*, sous laquelle « le mainbourg de la confrérie de Saint-Luc, à Bruges, en Flandre », en son sévère costume du xvie siècle, consulte religieusement la loi de son énorme rituel, cependant que, contraste aimable, dans le coin opposé de la marge, sourit la peau nacrée d'une gaie « *España* ».

Mais ce qui domine l'ensemble de cette belle collection, c'est le chapitre des dessins. L'exhibition et la vente de soixante-cinq originaux de Rops est un fait inouï, résultat d'un ensemble de circonstances particulières, *et qui ne se reproduira jamais.*

Le goût qui a présidé à cette réunion, n'est ni moins éclairé ni moins sûr que celui qui s'est appliqué aux eaux-fortes. Rops a manié, avec un égal succès, le crayon, la plume, l'estompe, le pinceau et la brosse. Et quel que fût l'instrument employé, il s'est constamment affirmé prodigieusement habile dans les effets qu'il sut en tirer. Jamais aquafortiste ancien ou moderne. fût-il J.-B. Tiepolo ou Rembrandt, n'a trouvé des hachures, des lacis, des enchevêtrements de lignes plus ingénieux que ceux dont il usa pour ses dessins à la plume, tels que le frontispice des *Conflits entre Chasseurs et Fermiers* (n° 33), remontant à une époque ancienne, ou la *Sirène* (n° 41), et le *Semeur des Paraboles* (n° 37); ajoutons, pour ce dernier, qu'il interprète un des mythes les plus émouvants qui aient impressionné le cerveau du maitre.

La même sûreté d'exécution se révèle dans la facture plus large des crayons. Jamais Rops n'a rien produit de plus simple comme procédé, de plus complet comme exécution, que la *Grève* (n° 21) et le frontispice de l'*Amante du Christ* (n° 48). On connaît les sujets.

Le premier se résume en une figure de femme à mi-jambes, adossée à un mur, de face. Derrière son dos, des lambeaux d'affiches racontent encore les bals et les fêtes populaires de la veille. Dans le fond, des toits et de hautes cheminées d'usines, dépouillées de leur panache de fumée, confessent la désolation du chômage. Mais ce que reflètent les yeux de la femme du porion, ce n'est assurément ni le regret de la danse, ni l'ennui du désœuvrement, ni l'espoir de jours meilleurs. Si toutes les douleurs y sont accumulées, la révolte et la vengeance en jaillissent par lueurs étranges, et, instinctivement, la pensée va directement de ce visage aux plus terribles pages de *Germinal*. La *Grève* est de ce livre le plus admirable frontispice. C'est un modèle de simplicité dramatique.

Le second a jeté la femme amoureuse au pied de la croix où agonise la loque humaine, de forme gothique, de masque asiatique, dont s'affubla passagèrement le sauveur du monde. Là les misères de la vie révèlent leurs secrètes et redoutables méditations; ici nous assistons aux affres de l'hystérie religieuse toujours inassouvie.

Le crayon y évolue, avec une dextérité souple, à travers les difficultés d'objets très divers dont il fallait fixer l'essence même, avec la seule ressource du noir sur du blanc. Il n'existe pas de dessin de Rops plus caractéristique de son réalisme mystique.

Avec l'aide infime de quelques touches de gouache blanche, grisâtre ou légèrement bistrée, l'effort bondit jusqu'à une merveille : le frontispice des *Rimes de Joie*. Il faudrait remonter aux meilleurs feuillets d'album de Gabriel de Saint-Aubin, aux plus heureuses « cuisines » de Baudouin, pour rencontrer un aussi habile, séduisant, pittoresque ragoût de tons délicats, mélangés, rompus, fouettés de manière à donner la plus complète illusion de la couleur et la sensation de la chair nue. Et, en outre de la grâce du xviiie siècle, quelle solidité des contours dans la figure principale! Quel esprit dans les attitudes fouilleuses des petits ægypans, dont l'indiscrétion n'altère point la sérénité de la belle fille taillant sa plume de paon (pour quelles joyeuses écritures?) au cours de sa délicate besogne! Quelle admirable ordonnance dans toute la composition! Cela est tout à fait magistral.

Dès ce point, il semble que l'art ne puisse aller plus loin. Nous allons cependant le voir monter plus haut et se parer d'agréments plus raffinés avec quelques aquarelles.

Ici, en effet, ce n'est plus seulement l'habileté du mensonge réussissant à feindre le prisme avec des gris, des beiges et des noirs, c'est la palette tout entière, et une palette d'une douceur miraculeusement chatoyante qui nous saisit et nous enchante. Parmi ces quarante aquarelles, il n'en est pas une qui ne caresse l'œil malgré l'infinie variété des colorations et des sujets. Le *Lait de poule*, l'*Ordre mendiant*, le *Portrait pour Arthur*, détachés du fameux album des *Cent Croquis pour réjouir les honnestes gens*, maintenant dispersés, racontent leur anecdote bourgeoise et doucement satirique avec la verve inhérente à la jeunesse de l'auteur. Le *Maillot*, de même origine, avec l'*Anglaise du nouveau ballet*, d'une facture plus récente, nous transporte agréablement dans les déshabillés des coulisses chorégraphiques. L'une — symphonie en bleu oxydrique, — et l'autre — en jaune d'hydrogène, — ponctuées de deux habits noirs audacieux, méritent une toute spéciale attention.

Puis un joyau exquis en ses dimensions miniaturesques : cette *Masquée* (n° 7) pour un bal idéal où tous les hommes perdraient la raison. Car, si un loup dissimule ses traits, le manteau brodé de fleurs qui flotte sur ses épaules, se réduit au rôle d'écrin grand ouvert où étincellent les rubis de sa gorge et l'ivoire poli de ses flancs.

Plus perversement troubleuses encore sautent aux yeux les chairs fraîches et poudrederizées de l'*Étude*

de déshabillé, portant le n° 38. Gardons-nous de soup-
çonner le lieu où flottent ces gazes trop transparentes, et
où se précipitent ces suggestifs et imperturbables dévête-
ments! Mais il n'est point défendu d'envier le passager
auquel la banalité de l'asile ménage l'imprévu d'une
aussi séduisante rencontre.

Et qui oubliera jamais les yeux moqueurs, clairs,
joyeux, du plus « complaisant des modèles », de cette
Mascarade (n° 39) qui, après la fête, dépouillée des futiles
atours, livre au peintre les trésors de son corps, en voi-
lant seulement, sous le masque, son visage illuminé
malgré tout, par un énigmatique regard vert.

Contraste saisissant, voici le *Médecin des Fièvres*
(n° 44), fixant la gravité douloureuse des maladies tenaces
sur les rives lointaines du Nord. Il y a là un fond de
montagnes et de lac tristement évocateur de contrées
malsaines, digne de rivaliser, dans une tout autre allure,
avec les *dessous* des plus beaux primitifs. Et le décou-
ragement des choses s'étend jusqu'à l'expression du
vieux docteur, défiant de la science, devant la maigre
silhouette de l'enfant pâle. C'est « la Force du mal! »

Toute riante, au contraire, surgit la *Femme à l'Éventail* (n° 40), détachant vigoureusement son torse nu sur
une draperie verte. Étonnante facture! L'aquarelle y
prend des épaisseurs de pâte et des reflets de vernis. Une
peinture à l'huile, au couteau, n'a pas plus de fermeté.
Et le geste est si élégant! Quel malheur que le vernis
mou, tenté jadis pour la reproduire, ait été manqué et
abandonné incomplet! Il est vrai que l'original n'en a
que plus de mérite, restant ainsi presque inédit.

Bien d'autres mériteraient une mention spéciale, et il
conviendrait de signaler, parmi les dessins à la plume ou

au crayon, la curiosité des costumes et la perversité
voilée des *Adieux d'Auteuil* (n° 32), le frontispice de
Chez les Passants (n° 12), rare fortune pour un des nom-
breux admirateurs du pauvre Villiers de l'Isle-Adam;
parmi les dessins aquarellés, les *Études d'impudices*
(n° 10), où nous retrouvons la première idée de l'*Agonie
de Sainte Thérèse*, et cette jolie fillette dévoilant une
vignette qu'on croit être un projet d'affiche d'exposition
lithographique, et qui me semble plutôt un essai de
frontispice pour un catalogue de Rops (Félicien !)

Mais il faut nous borner pour souligner quatre numéros qui dominent cet ensemble par l'importance des
conceptions où Rops a imprimé son génie. Ce sont :
l'*Initiation sentimentale* (n° 47), la *Dame au Pantin*
(n° 42), la *Femme au Cochon* (n° 45) et la *Foire aux
Amours* (n° 46).

Le frontispice de l'*Initiation sentimentale* a été vulga-
risé par la reproduction qui décora la première page du
roman de Péladan. Un premier dessin, traité seulement
au crayon noir, servit à la gravure.

Mais, depuis, l'artiste ressaisi par la même idée, en a
réédité cette aquarelle plus grande, plus complète et
d'une exécution étonnante. *Diaboli virtus in lumbis !*
clame la légende; et, en vérité, c'est une effroyable han-
tise qui flotte autour de ces reins gras, ronds et souples
demeurés vivants, avec les seins, sur la sécheresse pourrie
du squelette triomphant. Aussi le chef décapité d'Hamlet,
que soulève la main dédaigneuse de la macabre *Toute-
Puissance*, porte dans ses yeux une horreur justifiée. Et
cependant, par un prodige inouï, l'adorable richesse du
coloris, contraint cette terrifiante apparition à exercer
une irrésistible attirance. C'est atroce et adorable !

Le sujet de la *Dame au Pantin* a possédé Rops pendant toute sa vie. Il l'a traité au moins cinq fois au cours de sa carrière sous des aspects variés, où l'idée, toujours même, montre l'homme, pauvre jouet ridicule, aux mains de la femme belle et robuste, cherchant à s'en amuser. Tantôt sa nervosité tire brusquement les ficelles du pitoyable fantoche, sans souci de les briser, au risque de laisser les membres et la tête désormais incohérents et désorbités; tantôt, plus féroce, en ses appétits blasés, la femelle, à la manière de l'enfant qui crève le ventre de sa poupée pour voir ce qu'il y a dedans, fouille à coups de couteau les entrailles du petit bonhomme pour en extraire la fortune. Telle est la formule dramatique de notre aquarelle, bien supérieure à toutes les autres compositions analogues. La femme debout, haute dans sa robe rouge, tenant d'une main l'arme sanglante, élève, au-dessus de sa tête, un minuscule polichinelle assis, déjeté, effondré, dont l'abdomen, largement entaillé, laisse fuir un flot d'or; déplorable pantin, resté, malgré l'horrible blessure et la douleur certaine, essentiellement comique. Et la fantaisie réalisée, le sang répandu, la fortune gagnée, n'ont point encore attiré le sourire aux lèvres du bourreau. Une expression grave persiste, et l'œil profond contemplant la méchante œuvre, dit seulement le triomphe ennuyé d'une besogne trop aisément accomplie, et qu'il faudra bientôt recommencer.

Ce dessin avait été exécuté pour illustrer l'intéressant ouvrage d'Octave Uzanne : *Son Altesse la Femme.* Il y a été, en effet, inséré, très réduit, en couleur, mais par un procédé insuffisant, qui ne donne aucune idée de l'original. Celui-ci est une superbe aquarelle, dont les étoffes et les accessoires largement traités, mettent étonnamment

en relief le fini précieux des chairs et des figures. Enfin,
il peut braver l'examen des plus chatouilleuses pudeurs.
Je ne jurerais pas qu'au siècle prochain il ne dût s'accro-
cher dans le parloir d'un lycée de jeunes filles, progressif
emblême du féminin *Struggle for life!*

D'une forme à peine moins chaste, et tout aussi irré-
prochable, quant à la décence, *La Foire aux Amours*
repose du drame précédent par l'évocation des plus
riantes perspectives. On me dispensera, ici, de creuser
les profondeurs du mythe. Il serait fou de disserter
philosophie avec les *Grâces* ou même devant elles. Or,
c'en est une, la quatrième, la dernière venue, la civilisée,
la perfectionnée, la toute jeune, toute jolie, toute fine, la
Grâce de nos jours, la Grâce de Paris, éclose (le diable
seul sait pourquoi!) en un désert montagneux, déjà
demi-vêtue des soieries façonnées rue de la Paix, coiffée
du chapeau enlevé boulevard des Italiens, mais demi-nue
aussi (surtout!) oh! combien exquisement demi-nue! et
souriante, et sereine, et douce, et confiante en l'attrait de
ses fragments de parure autant qu'en ses éclaircies de
nudité! Elle est là, assise sur une petite cage dont les
barreaux ne peuvent résister à la fougue impatiente
d'une nichée de faunesques enfants ailés. Le fer se tord
et cède, sous son œil indulgent, à ces impatiences pué-
riles. Et les petits fous, commis-voyageurs du plaisir,
prenant leur course vers les villes, s'en vont aller, de
toutes parts, gazouiller à travers les hommes, le rappel
alliciant de l'Amour.

Aussi bien, la jolie fille ne restera pas seule. Derrière
elle, contraste violent, se tient debout, droite encore,
mais flétrie et décharnée, la vieille qui la garde; la
vieille, tutelle nécessaire des imprudentes gamineries,

des sensuelles foucades, des sentimentales faiblesses, celle qui veille au grain, et dont le geste suspect provoque peut-être là-bas les désirs hésitants, et les timidités luxurieuses devinées à l'affût derrière la ligne d'horizon.

C'est là un de ces morceaux de Rops dont la matière échappe à l'analyse. Sur un papier préparé à l'œuf, les crayons les plus divers, le pastel et l'aquarelle sont prodigieusement combinés, triturés, amalgamés, avec la plume, le pinceau, l'ébauchoir et parfois même la pointe. Le résultat est une peinture aux discrets reflets qui doit posséder la solidité de l'émail.

Les couleurs ainsi compliquées laissent une impression simple. Une subtile délicatesse s'en dégage comme une fraîcheur de parfum, et en vérité, il semblerait que le peintre, pour traduire sa pensée, eût composé sa palette des premières fleurs écloses au printemps.

Ce petit *quadro* est un chef-d'œuvre.

Si l'allégorie de la *Foire aux Amours* laisse place à certaines controverses, on ne peut guère hésiter sur celle de la *Femme au cochon*. Cette trop belle personne nue, aux formes athlétiques, se promenant, les yeux bandés, sur la corniche de quelque palais de rêve, sans autre guide que le petit goret maigre qu'elle tient en laisse avec une légère faveur, — cette robuste blonde, aux bas noirs, n'a rien à faire avec les choses de l'âme. La fureur sensuelle, aveugle, marche droit à son but, au risque de se briser les reins, insoucieuse du danger comme de la raison. C'est la folle impitoyable dominatrice des chairs humaines et fléau des cœurs. Sous ses pieds, les arts et les lettres, désertés, se lamentent, et, devant elle, vers les cieux, terrifié, éploré, sans espoir, s'envole l'*Amour!* Fuyez, c'est la *Pornocratès* qui passe !

Cette répétition, réduite, de la plus célèbre composition de Félicien Rops présente une importance capitale.
D'abord, sa petite dimension tempère heureusement le
déshabillé de la figure principale; mais, en outre, on doit
y relever une variante très heureuse précisant la formule
définitive de l'idée du maître. En effet, dans le premier
pastel exécuté vers 1875, d'une hauteur de quatre-vingts
centimètres, et dont l'exhibition, au Salon des XX, souleva des tempêtes à Bruxelles, trois amours prenaient
leur essor. Cette multiplicité évoque nécessairement
l'idée *des amours* tels que les concevaient les poètes
badins et toute la littérature du xviiie siècle, amours
joyeux, compagnons des *jeux* et des *ris*, très capables,
en leur insouciance tolérante, de faire bon ménage avec
la grande folle. Leur envolée est une plaisanterie qui
bientôt les ramènera à tire-d'aile. Tout autre la déroute
de l'*Amour*. Celui-là est l'*Amour* unique, l'*Amour*
absolu, contempteur des plaisirs physiques, le roi des
cœurs, vaincu par la reine des sens. Il s'en va, détrôné,
pour ne plus revenir. Et c'est bien là le seul personnage
qui devait intervenir pour donner sa juste valeur psychologique à la simple et douloureuse épopée.

Toutes ces belles choses vont atteindre de hauts prix.
Le taux des transactions particulières auxquelles ont
donné lieu, en ces dernières années, les œuvres originales de Rops impose cette prédiction. Mais celui qui
écrit ces lignes, et qui, depuis longtemps, avait annoncé
cette inévitable progression, ne craint pas d'affirmer
aujourd'hui, que ces prix, quels qu'ils soient, augmenteront encore beaucoup, lorsque, plus tard, les mêmes
objets seront de nouveau livrés aux enchères. Telle est
la loi qui régit la vénalité des productions artistiques

puissamment originales et dont la perfection échappe à
la rivalité des comparaisons. A ce propos, il n'est pas
inopportun de remarquer combien peu le grand artiste
s'est soucié de tirer parti pécuniairement de son travail.
Nul n'a donné plus de soin au moindre détail de son
ouvrage; nul n'en a moins accordé à la recherche d'un
équivalent monnayé. Disons plus. La nécessité de vendre
a toujours soulevé en lui un insurmontable malaise, et,
pour simplifier cette fastidieuse besogne, il lui a plu de
laisser à d'autres l'agrément de tirer large profit de son
labeur. Même alors que sa réputation, consacrée par la
critique et les honneurs, le livrait aux sollicitations les
plus vives, aux offres les plus larges, une pudeur timide
et une dignité très ferme restreignaient, dans d'étroites,
limites les chiffres qu'il plaçait en regard de ses meilleures
pages. Et combien furent par lui abandonnées en manière
de présent ! En ce temps où l'argent tient tous les grands
premiers rôles, et où l'art lui-même a érigé la « jolie
fortune » comme unique but de ses entreprises, il est bon
et consolant de se reposer la vue sur « *certains* » de ce
caractère. Bien souvent, dans sa correspondance,
comme dans ses propos, Rops jugea librement et comme
il convient, cette soif de l'argent qui a dominé et réduit
trop d'artistes contemporains, bien doués par la nature,
mal inspirés par des appétits matériels qui les rabaissè-
rent au rôle d'âpres mercantis. De là quelques ripostes
sournoises de la part de ceux que sa plume ou son verbe
égratignaient au vif. Or, tout le monde, après les enchères, devra confesser que Rops, outre la puissance d'en-
fanter des chefs-d'œuvre, peut encore, s'il le veut, les
vendre très cher — au lieu de les donner.

E. Ramiro.

DÉSIGNATION

DESSINS ET AQUARELLES

Encadrés

—

1 — *Paysage avec barque.* Dessin.

> H. 0ᵐ21. L. 0ᵐ27.

2 — *Devant la glace.* Croquis au crayon.

> H. 0ᵐ20. L. 0ᵐ10.

3 — *Le Mezzetin.* Aquarelle.

> H. 1ᵐ16. L. 0ᵐ11.

4 — *Femme âgée tenant un livre.* Crayon.

> H. 0ᵐ16. L. 0ᵐ12.

5 — Étude *habillée* pour « *l'Impuissance d'aimer* », de de Tinan. Plume avec lettre humoristique.

> H. 0ᵐ23. L. 0ᵐ14.

6 — Projet de *Frontispice* pour une *Exposition de lithographies*. Étude au crayon.

H. 0ᵐ27. L. 0ᵐ18.

7 — *Masquée*. Dessin rehaussé.

H. 0ᵐ16. L. 0ᵐ11.

8 — *Aux Folies-Bergère*. Crayon noir.

H. 0ᵐ26. L. 0ᵐ18.

9 — *Printemps*. — *Hiver*. Deux dessins en couleur.

H. 0ᵐ27. L. 0ᵐ17.

10 — Études d'*Impudices*. Deux dessins en couleur.

H. 0ᵐ22. L. 0ᵐ22.

11 — Grande étude pour *La Foire aux Amours*. Dessin à la plume.

H. 0ᵐ40. L. 0ᵐ28.

12 — *Chez les Passants*. Crayon ombré.

H. 0ᵐ17. L. 0ᵐ11 1/2.

13 — *Printemps*. — *Montlignon*. Plume.

H. 0ᵐ17. L. 0ᵐ22

14 — *Au Salon*. Dessin aquarellé.

H. 0ᵐ11. L. 0ᵐ15.

15 — *Abondance*. Aquarelle.

H. 0ᵐ14. L. 0ᵐ09 1/2.

16 — *Masques modernes.* Dessin rehaussé.

H. 0^m31. L. 0^m19.

17 — *Le Quatrième verre de cognac.* Dessin.

H. 0^m34. L. 0^m22.

18 — *Le Bibliothécaire du diable.* Aquarelle.

H. 0^m19. L. 0^m13 1/2.

19 — *Le Coup de la Jarretière.* 1882. Dessin.

H. 0^m20 1/2. L. 0^m15 1/2.

20 — *La Commune.* Dessin.

H. 0^m22. L. 1^m15.

21 — *La Grève.* Plume rehaussée d'ombres.

H. 0^m25. L. 0^m20.

22 — *L'Anglaise du nouveau ballet.* Aquarelle
accompagnée de la Gravure en cou
leur.

H. 0^m21 1/2. L. 0^m15.

23 — *Le Maillot.* Aquarelle acompagnée de la
Gravure en couleur.

H. 0^m22. L. 0^m15.

24 — *Le Lait-de-poule.* Aquarelle.

H. 0^m22. L. 0^m15.

25 — *Soirée d'hiver.* Dessin ombré.

H. 0^m22. L. 0^m15.

26 — *Dernier soupir.* Dessin.

H. 0^m22. L. 0^m15.

27 — *Le Portrait pour Arthur.* Aquarelle.

> H. 0ᵐ22. L. 0ᵐ15.

28 — *Le Vice et la Vertu.* Dessin.

> H. 0ᵐ22. L. 0ᵐ15.

29 — *Les Lesbiennes.* Dessin.

> H. 0ᵐ22 L. 0ᵐ15.

30 — *Ordre mendiant.* Aquarelle.

> H. 0ᵐ22. L. 0ᵐ15.

31 — *Souvenirs d'antan.* Dessin.

> H. 0ᵐ22. L. 0ᵐ15.

32 — *Les Adieux d'Auteuil.* Dessin. Gravure au verso.

> H. 0ᵐ23. L. 0ᵐ16.

33 — *Des Conflits entre chasseurs, fermiers et propriétaires.* Plume et crayon.

> H. 0ᵐ21. L. 0ᵐ14 1/2.

34 — *Ma Goutte.* Dessin à la plume.

> H. 0ᵐ21. L. 0ᵐ15.

35 — *La Lecture du grimoire.* Dessin. Gravure au verso.

> H. 0ᵐ22. L. 0ᵐ15.

36 — *Une vengeance de femme,* pour *les Diaboliques.* Dessin rehaussé de blanc, accompagné de la gravure de Courboin.

> H. 0ᵐ25. L. 0ᵐ17.

37 — *Le Semeur des paraboles*. Plume.

H. 0^m23. L. 0^m15.

38 — Étude de *Déshabillé*. Aquarelle.

H. 0^m30. L. 0^m19

39 — *Mascarade*. Aquarelle.

H. 0^m24. L. 0^m13.

40 — *La Femme nue à l'éventail*. Aquarelle.

H. 0^m23. L. 0^m15.

41 — *Poisson rare*. Dessin ovale à la plume, texte autographe en vieux français.

Le tout : H. 0^m47. L. 0^m23.

42 — *La Dame au pantin*. Aquarelle. Œuvre définitive.

H. 0^m39. L. 0^m27.

43 — *Les Rimes de joie*. Dessin rehaussé. Œuvre définitive.

H. 0^m30. L. 0^m20.

44 — *Le Guérisseur des fièvres*. Aquarelle.

H. 0^m29. L. 0^m21.

45 — *La Dame au cochon*. Aquarelle qui a été gravée par GAUJEAN dans le catalogue Ramiro.

H. 0^m32. L. 0^m21 1/2.

46 — *La Foire aux Amours*. Aquarelle. Œuvre définitive.

H. 0^m27. L. 0^m20 1/2.

47 — *L'Initiation sentimentale.* Aquarelle. Œuvre définitive.

H. 0ᵐ29. L. 0ᵐ18.

48 — *L'Amante du Christ.* Dessin. Œuvre définitive.

H. 0ᵐ39. L. 0ᵐ26.

PEINTURE A L'HUILE

—

49 — *Étude de Femme,* faite à Cordoue. Sur toile.

H. 0ᵐ37. L. 0ᵐ24.

GRAVURES ENCADRÉES

Avec Dessins en marges et Autographes de Rops

—

50 — Titre du *Catalogue Ramiro,* avec dessin à la plume de *la Muse,* de ROPS, et lettre autographe.

H. 0ᵐ41. L. 0ᵐ28.

51 — *La Fille au masque.* Avec aquarelle de la *Gazette de Bruxelles.*

H. 0ᵐ32. L. 0ᵐ18.

52 — *Les Exercices de dévotion,* avec dessin à la plume de la *Nourrice aux satyrions,* des Chansons de Collé.

H. 0^m27. L. 0^m20.

53 — *Le Bassoniste,* avec dessin à la plume de M. Muck vu de dos et la longue lettre connue relative au père Muck et à la première communion de M. F. Rops.

H. 0^m46. L. 0^m33.

54 — *La Pomme,* épreuve retouchée en couleur, avec dessin à la plume du *Bassoniste,* et lettre à M. B....

H. 0^m5o. L. 0^m40.

55 — *Poisson rare,* avec deux dessins à la plume en bas-reliefs relatifs à *Isis,* face et dos, avec lettre, en vieux français.

H. 0^m49. L. 0^m38

56 — *La Dernière Maja,* avec dessin du *Mainbour* de la confrérie de Saint-Luc, à Bruges, et *España,* étude de nu, aquarelle.

H. 0^m5i. L. 0^m32.

DESSINS NON ENCADRÉS

ET

EAUX-FORTES

Ornées de Croquis originaux en marge

57 — Tête de *Uylenspiegel*. Dessin.

H. 0^m20. L. 0^m15.

58 — Grande feuille de sept dessins, crayon, plume, aquarelles, textes; au centre, *une Sorcière vue de dos*.

H. 0^m25. L. 0^m44.

59 — *Le Canari et la Demoiselle de mauvaise vie*. Aquarelle avec fable en vers, deux pages par Rops, à l'attribution de Viennet.

H. 0^m29. L. 0^m22.

60 — *Feuille double*. Dessins et textes relatifs aux *Pommes d'Ève*.

H. 0^m24. L. 0^m21.

61 — *Naturalia non sunt turpia*. Eau-forte avec aquarelle en marge, variante du sujet gravé, texte de Baudelaire et long texte de Rops.

H. 0^m48. L. 0^m34.

62 — *Vieille Femme*. Gravure avec croquis et textes relatifs à Napoléon.

H. 0ᵐ34. L. 0ᵐ24.

63 — *Ma Colonelle*. Eau-forte avec dessin à la plume relatif au Nouveau Cirque.

H. 0ᵐ47. L. 0ᵐ35.

GRAVURES ENCADRÉES

64 — *Impudence,* épreuve dessinée complètement.

H. 0ᵐ24. L. 0ᵐ17.

65 — *Vieux Faune*, épreuve reprise au crayon.

H. 0ᵐ25. L. 0ᵐ17.

GRAVURES [1]

66 — *Petite Peleuse de pommes de terre* (page 16). Eau-forte.

67 — *Tante Johanna* (23). Eau-forte.

---

(1) On a suivi, pour le classement, l'ordre de pagination des Catalogues d'E. Ramiro.

68 — *Oncle Claës et tante Johanna* (25). 1ᵉʳ état. Eau-forte.

69 — *Dame à la fourrure assise* (28). Eau-forte.

70 — *Parisine* (36). Eau-forte.

71 — *L'Oliviérade* (36). Eau-forte.

72 — *L'Experte en dentelle.* 2ᵉ état (40). Vernis mou et pointe sèche.

73 — *Ould Kate*, grande planche (41). Vernis mou.

74 — *Ould Kate*, petite planche (41). Vernis mou.

75 — *Ould Kate*, pet. planche avec lettre (41). Vernis mou.

76 — *Pallas.* 1ᵉʳ état (47). Eau-forte.

77 — *Le Modèle.* 3ᵉ état (53). Eau-forte.

78 — *La Dalécarlienne* (55). Eau-forte.

79 — *Complaisance* (64). Pointe sèche.

80 — *Miroir du Diable* (65). Pointe sèche.

81 — *Misanthropie* (70). Eau-forte.

82 — *La Dame au carcel* (71). Vernis mou.

83 — *Le Rydeack*. Anvers (72). Vernis mou.

84 -- *Pilier d'église* (74). Vernis mou.

85 — *L'Oracle du hameau. — La Herse* (79). Eau-forte.

86 — *Vieux Faune* (80). Verni mou.

87 — *Le doigt dans l'œil* (82). Vernis mou.

88 — *Brasseur bruxellois* (85). Eau-forte.

89 — *Bébé* (85). Eau-forte.

90 — *Orphée* (86). Eau-forte.

91 — *La vieille Masken* (90). Eau-forte et aqua-tinte.

92 — *La Buée en Ardennes* (90). Eau-forte.

93 — *Jean Vandyrendoncke* (92). Pointe sèche.

94 — *Dans la Pusta,* avec texte (98). Eau-forte.

95 — *Dans la Pusta,* petite planche (99). Eau-forte.

96 — *Celle qui fait Celle qui lit Musset* (99). Eau-forte.

97 — *Le Tzigane* (101). Eau-forte.

98 — *La dernière Maja* (104). Eau-forte.

99 — *La dernière Maja.* 7ᵉ état (104). Eau-forte.

100 — *Le Semeur des Paraboles* (108). Eau-forte.

101 — *Grande Sieste* (109). Vernis mou.

102 — *Sieste*, épreuve en double (109). Vernis mou.

103 — *Petite Sieste* (109). Eau-forte.

104 — *La Migraine* (112). Eau-forte.

105 — *Ma Goutte,* avec plusieurs textes (115). Eau-forte.

106 — *Le Vol et la Prostitution dominant le Monde* (122). Eau-forte.

107 — Variante : *Le Vol et la Folie.* Eau-forte.

108 — *Œuvres inutiles et nuisibles.* 6ᵉ état (123). Eau-forte.

109 — *Le grand Sphinx* (129). Vernis mou.

110 — *Juillet* (131). Eau-forte et pointe sèche.

111 — *Frontispice* pour une suite d'œuvres libres (132). Eau-forte et pointe sèche.

112 — *Vieille Gouge* (134). Manière noire.

113 — *Petite Liseuse* (collection Ramiro) (134).
Eau-forte.

114 — *La Foire aux Amours* (139). Vernis
mou.

115 — *Les Champs* (140). Eau-forte.

116 — *Mors syphilitica* (141). Pointe sèche.

117 — *Printemps. — Montlignon* (142). Eau-
forte.

118 — *Modernité* (143). Pointe sèche.

119 — *La Colère.* 1ʳ état (144). Eau-forte.

120 — *Le Forgeron pendu, de Levallois* (146).
Vernis mou.

121 — *Le Dimanche en Flandre* (146). Vernis
mou.

122 — *Chanson du soir* (148). Eau-forte.

123 — *Bourgeoisie* (149). Pointe sèche.

124 — *Musicien hongrois* (149). Eau-forte.

125 — *La Fauconnière* (167). Eau-forte.

126 — *La Dame au cochon* (184). Vernis mou.

127 — *A toi, caporal.* 1ᵉʳ état (185). Pointe
sèche.

128 — *Impudence* (187). Vernis mou.

129 — *Joyeux Bidet* (188). Eau-forte.

130 — *Ma Fille, monsieur Cabanel!* (189). Eau-forte.

131 — *Le Major est si difficile* (194). Pointe sèche.

132 — *Appel aux masses.* 2ᵉ état (196). Pointe sèche.

133 — *Nubilité* (201). Vernis mou.

134 — *Messalina* (202). Vernis mou.

135 — *Perle d'Alabaceyn* (205). Pointe sèche.

136 — *La Bergère* (207). Eau-forte.

137 — Deux Menus au *Dindon volant, etc.* (218). Eau-forte.

138 — Menus au *Cochon nimbé* et au *Cheval à la broche.* Planche d'ensemble (218). Eau-forte.

139 — Menu au *Grand Marmiton* (Neyt). État. Parchemin. Eau-forte.

140 — Menu au *Grand Marmiton* (Neyt).

141 — *L'Amour au tambourin* (250). Eau-forte.

142 — *La Dame à la fourrure debout* (329).
    Eau-forte.

143 — *Le Christ au Vatican.* État avec
    remarques (332). Eau-forte.

144 — Frontispice pour Musset (342). Eau-
    forte.

145 — *Le Vice suprême.* Grande planche.
    1ᵉʳ état (347) Vernis mou.

146 — *Le Vice suprême.* Petite planche (348).
    Eau-forte et aqua-tinte.

147 — *L'Amour à travers les âges* (360). Vernis
    mou.

148 — *La Portière de Jacquemart.* 1ᵉʳ état (411).
    Eau-forte.

149 — *La Femme à la tête de mort* (411). Eau-
    forte.

150 — *Mon Grand Oncle* (414). Eau-forte.

151 — *La Mort qui danse.* Pointe sèche.

152 — Étude de *Femme agitant un éventail.*
    Vernis mou.

153 — *Japonaiserie.* Eau-forte.

154 — *Sur Armand Gouzien.* Eau-forte.

155 — *La Fleur lascive*. Frontispice. Eau-
forte.

156 — *Le Catéchisme des gens mariés*. Frontispice. Eau-forte.

157 — *La Messe de Gnide*. Frontispice. Eau-
forte.

158 — *Les Cousines de la Colonelle.* Frontispice.
Eau-forte.

159 — *Les Cousines de la Colonelle*. État.
Frontispice. Eau-forte.

160 — *Les Chansons de Collé*. Frontispice.
Eau-forte.

161 — *Le Diable dupé par les Femmes*. Frontispice. Eau-forte.

162 — *Le Roman d'une nuit*. Vernis mou.

163 — *Les Amusements des Dames de Bruxelles*.
Frontispice. Eau-forte.

164 — *Les Rimes de joie*. Frontispice. Eau-
forte.

165 — *Les Œuvres badines de Grécourt*. Frontispice. Eau-forte.

166 — *Les Phases de la Lune*. Frontispice.
Eau-forte.

167 — *La Sainte Chandelle d'Arras.* Frontispice. Eau-forte.

168 — *Les Exercices de dévotion de M. Roch.*
Frontispice. Eau-forte.

169 — *Pigeon vole.* Eau-forte.

170 — *Brunette.* Eau-forte.

171 — *Le Royal Club de Sambre-et-Meuse.*
Eau-forte.

172 — *Le grand et le petit trottoir.* Eau-forte.
Frontispice.

173 — *Le grand et le petit trottoir.* Autre
épreuve. Eau-forte. Frontispice.

174 — Titre de l'*Artiste.* Bois.

175 — *Le Fer rouge.* Eau-forte. Frontispice.

176 — Titre du journal « *La Musique* ». Bois.

177 — *L'Escole des Filles.* Eau-forte. Frontispice.

178 — *Les Bas-fonds de la Société.* Eau-forte.
Frontispice.

179 — *Gaspard de la nuit.* Eau-forte et aqua-
teinte. Frontispice.

180 — *L'Ondine.* Bois.

181 — *Muse de Rops.* Illustration du *Supplément* à l'œuvre gravé. État.

182 — *La Feuille de vigne.* Illustration du *Supplément* à l'œuvre gravé. État.

183 — *Une Vengeance de femme.* Vernis mou (Supp. p. 3).

184 — *Le Bonheur dans le Crime.* Verni mou (Supp. p. 3).

185 — *Le dessous d'une partie de whist.* Verni mou (Supp. p. 3).

186 — *Le petit Modèle.* Eau-forte (Supp. p. 14).

187 — *La Cuisine d'Anseremme.* Eau-forte (Supp. p. 16).

188 — *Incantation.* Manière noire (Supp. p. 18).

189 — *Décembre.* Eau-forte (Supp. p. 19).

190 — *Poisson rare.* Eau-forte (Supp. p. 22).

191 — *Diabologie.* Verni mou (Supp. p. 22).

192 — Étude de nu : *Peuple* Pointe sèche (Supp. p. 22).

193 — *La Pomme.* Vernis mou (Supp. p. 23).

194 — *Feuille de Nénuphar.* Eau-forte et vernis mou (Supp. p. 24).

195 — *Le Gaillard d'arrière.* Eau-forte (Supp. p. 24).

196 — *Hamadryade.* Eau-forte (Supp. p. 25).

197 — *Parallélisme.* Vernis mou (Supp. p. 27).

198 — *Soetkin veillant Ulenspiegel.* Eau-forte (Supp. p. 27).

199 — *Le coup de la jarretière.* Vernis mou (Supp. p. 28).

200 — *Messagère du Diable.* Vernis mou (Supp. p. 28).

201 — *Mater dolorosa.* Pointe sèche (Supp. p. 33).

202 — *Masques parisiens.* Vernis mou (Supp. p. 34).

203 — *Nourrice aux Satyrions.* Eau-forte (Supp. p. 36).

204 — *Justicière.* Eau-forte (Supp. p. 36).

205 — *La Pantoufle de Cendrillon.* Eau-forte, pointe sèche et aqua-tinte (Supp. p. 37).

206 — *Pénombre.* 1er état. Manière noire (Supp. p. 37).

207 — *Satisfaction*. Eau-forte, vernis mou et aqua-tinte (Supp. p. 39).

2c8 — *La Porteuse de Poissons*. 1ᵉʳ état. Eau-forte et vernis mou (Supp. p. 40).

209 — *La Porteuse de Poissons*. 2ᵉ état. Eau-forte et vernis mou (Supp. p. 40).

210 — *La Porteuse de Poissons*. 3ᵉ état. Eau-forte et verni mou (Supp. p. 40).

211 — *Mᵐᵉ Hamlette*. Vernis mou (Supp. p. 43).

212 — *La Femme du Prudhomme*. Verni mou (Supp. p. 43).

213 — *Pianiste Shaker*. Eau-forte et pointe sèche (Supp. p. 44).

214 — *Les Notes d'un Vagabond*. 2ᵉ état. Vernis mou (Supp. p. 44).

215 — *Les Notes d'un Vagabond*. 3ᵉ état. Vernis mou (Supp. p. 43).

216 — *La grande Lyre*. Eau-forte (Supp. p. 91). Frontispice de MALLARMÉ.

217 — *Maturité*. Vernis mou (Supp. p. 95).

218 — *La Pudeur de Sodome,* grande planche. Eau-forte (Supp. p. 98).

219 — *La Pudeur de Sodome,* petite planche. Eau-forte (Supp. p. 98). Frontispice.

220 — *L'Amante du Christ.* Verni mou (Supp. p. 101). Frontispice.

221 — *Chez les Passants.* Verni mou (Supp. p. 105). Frontispice.

222 — *Quatre pièces pour Morgate.* Eau-forte (Supp. p. 114).

223 — *Traité de la Chasteté.* Vernis mou. Illustration du *Supplément* à l'œuvre gravé par E. RAMIRO.

224 — *L'Ecchimose.* Verni mou (Supp. p. 117). Illustration pour les *Sonnets du Docteur.*

225 — *L'Auscultation.* Verni mou (Supp. p. 118). Illustration pour les *Sonnets du Docteur.*

226 — *Un Document sur l'Impuissance d'aimer.* Vernis mou (Supp. p. 119). Frontispice.

227 — Remarque pour *l'Impuissance d'aimer.* Pointe sèche.

228 — *Peine.* 1ᵉʳ état. Eau-forte (Supp. p. 160).

229 — *Holocauste.* Eau-forte. Illustration du *Supplément* par E. RAMIRO.

230 — *Printemps triste.* Eau-forte.

231 — *La Fille au masque.* Eau-forte.

232 — Une feuille de : *Femme à la toque, Tesson féminin* et *Adresse Duluc.* Eaux-fortes.

233 — Courboin, d'après Rops : *Mademoiselle de Maupin.* Eau-forte.

LITHOGRAPHIES

234 — *Juin.*

235 — *Printemps.*

236 — *A nos abonnés, l'Ulenspiegel.*

237 — *Portrait de l'abbé de Saint-Valéry.*

238 — *Portrait de Jean Rousseau.*

239 — *Les vieilles Lunes : Le dernier des Classiques.*

240 — *Les vieilles Lunes : Le dernier des Romantiques.*

241 — *Chez les Trappistes.*

242 — *Le Salon inédit.* Plaquette de vingt-quatre charges, huit pages (R. 108).

243 — *Le Poète guerrier.*

244 — *En Ardennes.*

245 — *Déballage : Le flot qui l'apporta recule épouvanté.*

246 — Dix-huit pièces : Épreuves d'état des reproductions de lithographies de Rops avec les importantes remarques originales. Illustration complète de l'*Œuvre lithographié de F. Rops,* par E. Ramiro.